DAD JOKES

Adventskalender

24 Tage Flachwitze, Kalauer und schlechte Wortspiele im Advent!

★ ★ ★

Gans Fräch

IMPRESSUM

COVERDESIGN VON: DAGMARA BAER
SATZ & LAYOUT VON: FEZARENÇ VARAN
TEXT VON: ELISABETH ZWISCHENBERGER

VERLAGSLABEL: AGAVE VERLAG
DRUCK UND DISTRIBUTION IM AUFTRAG DES VERLAGS:
AGAVE VERLAG, IMKERWEG 42C, 12527 BERLIN, GERMANY

MEINE HERREN? AUFGEPASST!

EIN UNFASSBAR SCHLECHTER FLACHWITZ LÄSST DIR DIE LACHTRÄNEN ÜBER'S GESICHT KULLERN?
WORTSPIELEREIEN SIND GENAU DEIN DING, JE DOPPELDEUTIGER UND KINDISCHER DESTO BESSER?
DEINE FAMILIE RUNZELT DIE STIRN, WENN DU WIEDER EINEN DEINER BRILLANTEN SCHENKELKLOPFER AUSPACKST?
HERZLICHEN GLÜCKWUNSCH! WIE ES SCHEINT, VERFÜGST DU ÜBER DEN BERÜHMT-BERÜCHTIGTEN VÄTERHUMOR!

DANN DÜRFTE DIESER ADVENTSKALENDER GANZ NACH DEINEM GESCHMACK SEIN! HIER ERWARTET DICH EINE RIESIGE AUSWAHL AN BRILLANT-BESCHEUERTEN UND HERVORRAGEND-HIRNRISSIGEN FLACHWITZEN. TAG FÜR TAG KANNST DU DEIN WITZE-REPERTOIRE ERWEITERN. DEINE FAMILIE WIRD BEGEISTERT SEIN ... VIELLEICHT.

ALSO, SCHNAPP DIR DIESES BUCH, ZIEH DIR DEINEN HÄSSLICHSTEN WEIHNACHTSMOTTOPULLI AN UND MACH DICH BEREIT FÜR DEINE WEIHNACHTLICHE JOKE-OFFENSIVE!

1

DIE WÜRDE EINES MANNES
IST UNTEN TASTBAR.

WIE VIELE ÄPFEL
WACHSEN AM BAUM?

– ALLE!

HABE BEIM FLUGHAFEN
ANGERUFEN, DA HEBT
GERADE KEINER AB!

2

WIE HEISST DER BRUDER
VON ELVIS?

– ZWÖLVIS!

FRAU: “SCHATZ, ZÜNDEST DU
DEN WEIHNACHTSBAUM AN?“
MANN: “KLAR. DIE KERZEN
AUCH?"

WENN MAN EINEN APPLE-
STORE AUSRAUBT, GILT
DAS DANN ALS MUNDRAUB?

3

WER AUCH IMMER MEINE KOPIE VON MICROSOFT OFFICE GEKLAUT HAT... ICH WERDE DICH FINDEN!

DU HAST MEIN WORD!

BEI EINER VERKEHRSKONTROLLE. FRAGT DER POLIZIST: "HABEN SIE RESTALKOHOL?“ MANN AM STEUER: “NEE, ALLES AUSGETRUNKEN.“

ICH SPIELE FUSSBALL NICHT ZUM SPASS, SONDERN NUR WEGEN DES KICKS!

UNSER HUND HAT FRÜHER LEUTE AUF DEM FAHRRAD VERFOLGT. ES WURDE SO SCHLIMM, DASS WIR IHM DAS FAHRRAD WEGGENOMMEN HABEN.

ICH BESTELL AN DER BAR NEN FUSSGÄNGER! ... NEIN, NEN LÄUFER! ... ACH NEE, WIE WAR DAS NOCH? NEN RADLER!

WAS MACHT EIN SECURITY-MANN IN EINER NUDELFABRIK?

– ER PASTA AUF!

MEIN CHEF HAT MIR EINEN GUTEN TAG GEWÜNSCHT.

BIN DESHALB NATÜRLICH DIREKT NACH HAUSE GEGANGEN.

ALS ICH EIN KIND WAR, HAT MEINE MUTTER GESAGT, DASS ICH ALLES SEIN KANN, WAS ICH WILL. ES HAT SICH ABER RAUSGESTELLT, DASS IDENTITÄTSDIEBSTAHL EIN VERBRECHEN IST.

IST DIR KALT? DANN GEH IN EINE ECKE, DA HAT'S 90 GRAD!

STIFTUNG WARENTEST HAT BESTECK GETESTET.

DAS MESSER HAT AM BESTEN ABGESCHNITTEN!

4

“KANNST DU BITTE MEINE
UHR AUFHEBEN?“
– “NEE, ICH HAB DOCH KEIN
UHRHEBERRECHT!“

MEINE FRAU HAT GEMEINT, ICH
SEI KINDISCH. DANN HABE ICH
SIE NATÜRLICH VON MEINER
SPIELBURG WEGGESCHICKT.

"ES GIBT ABENDESSEN. MACHST DU
DEN TISCH FERTIG?“
– “KLAR! TISCH, DU ALTER
HOLZKOPF, DICH MACH ICH FERTIG!
WARTE NUR!!“

5

"WILLST DU MIT MIR EINEN ORIGAMI-KURS BELEGEN?"

– "DAS KANNSTE KNICKEN!"

FORSCHER HABEN LETZTENS HERAUSGEFUNDEN ... ABER DANN SIND SIE WIEDER REINGEGANGEN.

"WO IST DAS DING ZUM KARTOFFELNSCHÄLEN?"

– "DEINE MUTTER IST GERADE NICHT DA!"

6

SCHREIBT DIE FRAU IHREM MANN: "SCHATZ, WANN BIST DU ZU HAUSE?“

SEINE SMS-ANTWORT: "="

DER NACHBAR KLOPFT IM GARTEN SEINEN TEPPICH AUS. ICH SO:
"WAS IST LOS, ALADDIN? SPRINGT ER NICHT AN?"

"WAS IST DAS BESTE AN DER SCHWEIZ?"

"ICH WEISS ES NICHT, ABER DIE FLAGGE IST EIN GROSSES PLUS."

ICH MÖCHTE SCHAFFNER WERDEN. DANN KANN ICH DAS LEBEN IN VOLLEN ZÜGEN GENIESSEN.

VATER: “BIST DU PER ANHALTER GEKOMMEN?”
KIND: “WIESO?”
VATER: “DU SIEHST SO MITGENOMMEN AUS.”

IN ZENTRALAMERIKA GIBT ES ZWAR SCHLECHTE LACKIERER...

DAFÜR ABER GUATEMALA.

WARUM SIEHT EIN MATHEBUCH SO TRAURIG AUS?

– WEIL ES SO VIELE AUFGABEN HAT!

MEIN LETZTER ERFOLG WAR MEINE GEBURT. DA KAM ICH GANZ GROSS RAUS.

DAS GEGENTEIL VON FRÜHLINGSERWACHEN IST SPÄTRECHTSEINSCHLAFEN!

WILLST DU EINEN WITZ VOM BAU HÖREN?

– ICH ARBEITE NOCH DRAN...

7

WAS IST DAS GEGENTEIL VON ANALOG?

– ANNA SAGTE DIE WAHRHEIT.

ZEITUMSTELLUNG IST AUCH NUR JETLAG FÜR GERINGVERDIENER.

"WARUM TANZT IHR BEIM STREITEN?“

– "WIR DISKOTIEREN.“

8

WAS IST EIN KEKS UNTERM BAUM?

– EIN SCHATTIGES PLÄTZCHEN.

LIEBER ARM DRAN
ALS ARM AB.

WAS IST GRÜN UND GEWINNT JEDES RENNEN?

– EIN SCHNELLERIE.

9

ICH BIN EIN MANN MIT KLASSE.

ICH BIN LEHRER.

WER WIRFT MIT GELD UM SICH?

– EIN SCHEINWERFER.

DER PRINZ IST ANGEPISST.

RAPUNZEL LIESS HARN HERUNTER.

10

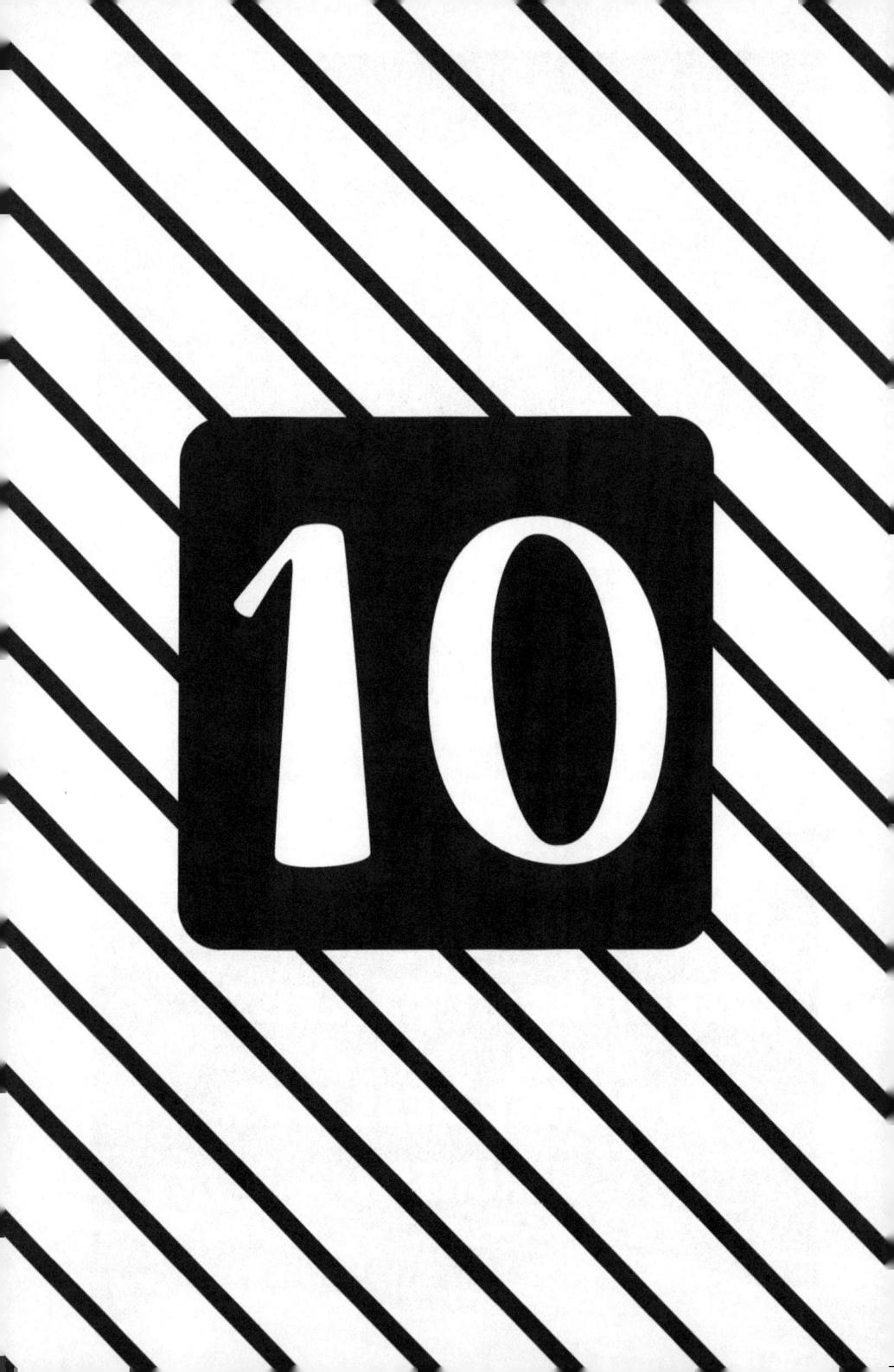

VATER: "DEIN BROT IST KORRUPT!"
SOHN: "WAS?!"
VATER: "ES HAT SICH DOCH GERADE VON DIR SCHMIEREN LASSEN!"

WITZE ÜBER DIE DEUTSCHE BAHN ZU MACHEN, IST EHER SCHWIERIG.

MAN WEISS NIE, WANN SIE ANKOMMEN.

ICH HABE EIN HUHN UND EIN EI VON AMAZON BESTELLT.

ICH GEB' BESCHEID, WAS ZUERST DA WAR.

SOHN, IRGENDWANN KOMMT DER MOMENT IM LEBEN, WO DU ALS FAMILIENOBERHAUPT LAUT AUF DEN TISCH SCHLAGEN MUSST, UM ZU SAGEN: "HÖRT SOFORT AUF, ODER ICH SAG'S MAMA!"

ICH KONNTE NICHT GLAUBEN, DASS MEIN VATER AUF SEINER ARBEIT ALS VERKEHRSPOLIZIST STEHLEN SOLLTE. ABER ALS ICH NACH HAUSE KAM, SAH ICH DIE ZEICHEN.

HAST DU VOM RESTAURANT AUF DEM MOND GEHÖRT?

– LECKERES ESSEN, ABER KEINE ATMOSPHÄRE!

WARUM HAT DER WEIHNACHTSMANN KEINE KINDER?

– WEIL ER NUR EINMAL IM JAHR KOMMT.

BEIM ZAHNARZT.

ZAHNARZT: "DAS KANN JETZT EIN BISSCHEN WEH TUN."

ER: "KEIN PROBLEM!"

ZAHNARZT: "ICH HABE SEIT DREI JAHREN EIN VERHÄLTNIS MIT IHRER FRAU."

EINEN BÄR, DER AUF EINER KUGEL SITZT UND SCHREIT, NENNT MAN

KUGELSCHREIBÄR!

KURZ BEVOR ER INS GRAS BISS, SAGTE MEIN VATER ZU MIR:

"... GUCK MAL, WIE GUT ICH GRAS BEISSEN KANN!“

11

WAS PASSIERT, WENN KEINER MEHR E-MAILS SCHICKEN KANN?

– DIE POSTAPOKALYPSE!

WENN MAN DIE BUCHSTABENSUPPE WIEDER AUSKOTZT, IST DAS DANN GEBROCHENES DEUTSCH?

AN DER STRASSE STEHT EIN SCHILD MIT DER AUFSCHRIFT "ANLIEGER FREI". JEDER VATER IMMER: "WIR HABEN AUCH EIN ANLIEGEN. WIR WOLLEN DA DURCH."

12

HABE MEINE ENGLISCH-LEHRERIN GEFRAGT, WAS "GERÄTE" AUF ENGLISCH HEISST.

DIE WEISS ES.

FÜR WEN KAUFT EIN EGOIST OBST?

* – PFIRSICH.

ICH HABE EINEM HIPSTER ANS SCHIENBEIN GETRETEN.

JETZT HOPSTER.

13

WIE NENNT MAN SEX MIT GEGENSTÄNDEN?

– DINGSBUMMS.

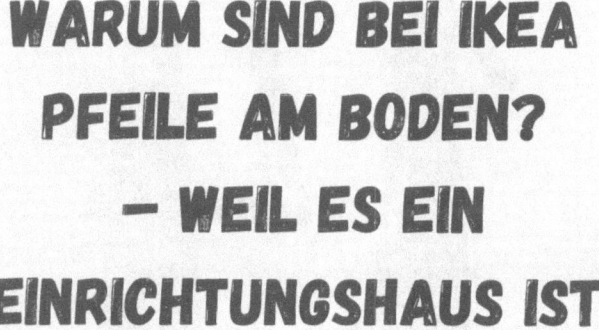

WARUM SIND BEI IKEA PFEILE AM BODEN?
– WEIL ES EIN EINRICHTUNGSHAUS IST.

NACH EINER LANGEN PARTYNACHT MIT SCHUHEN IM BETT AUFWACHEN. DAS IST DANN WOHL DER GESTIEFELTE KATER.

14

ICH HABE BEI SPIDERMAN ANGERUFEN, ABER ER HATTE KEIN NETZ.

ICH HABE MIT MEINER PFLANZE AUSGEMACHT, SIE NUR NOCH EINMAL IM MONAT ZU GIESSEN. SIE IST DARAUF EINGEGANGEN.

WARUM KÖNNEN SKELETTE SO SCHLECHT LÜGEN?

– DIE SIND SO EINFACH ZU DURCHSCHAUEN.

15

SAGT DIE EINE SICHERUNG ZUR ANDEREN SICHERUNG:

"LASS UNS ZUSAMMEN DURCHBRENNEN!“

EGAL WIE DU KOCHST...

KARL MARX.

WAS ERHÄLT MAN VON KÜHEN IN EINEM ERDBEBENGEBIET?

– MILCHSHAKES.

16

TREFFEN SICH ZWEI KERZEN.
FRAGT DIE EINE:
"WAS MACHST DU HEUTE?"
SAGT DIE ANDERE:
"ICH GEHE AUS."

WAS SAGT MAN ÜBER EINEN SPANNER, DER GESTORBEN IST?

– DER IST WEG VOM FENSTER!

GEHT EIN COWBOY ZUM FRISEUR.
KOMMT ER RAUS, IST SEIN PONY WEG.

17

WARUM SIND FUSSBALLER EINE GEFAHR IM STRASSENVERKEHR?

– WEIL SIE BEI ROT GEHEN MÜSSEN.

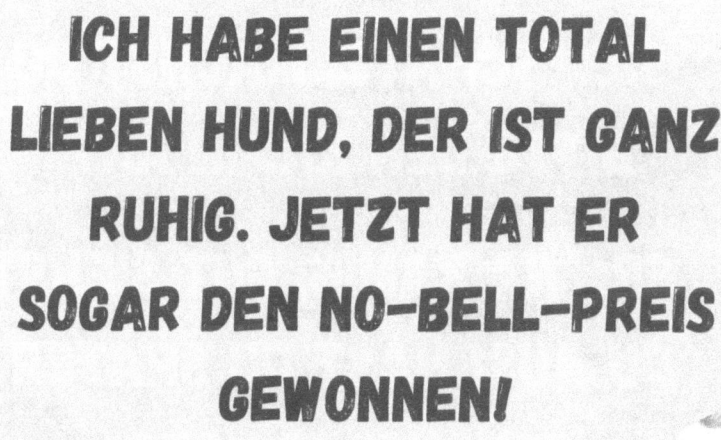

ICH HABE EINEN TOTAL LIEBEN HUND, DER IST GANZ RUHIG. JETZT HAT ER SOGAR DEN NO-BELL-PREIS GEWONNEN!

IM RESTAURANT: "ISST DU GERNE WILD?“

– "NEIN, MEISTENS GANZ NORMAL UND LANGSAM.“

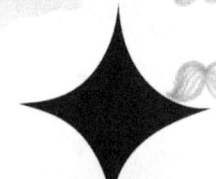

SIE: "SCHATZ, MACHST DU BITTE DEN KAMIN AN?"

ER: "NA KAMIN, GUT SIEHST DU AUS! HAST DU SPÄTER SCHON WAS VOR?"

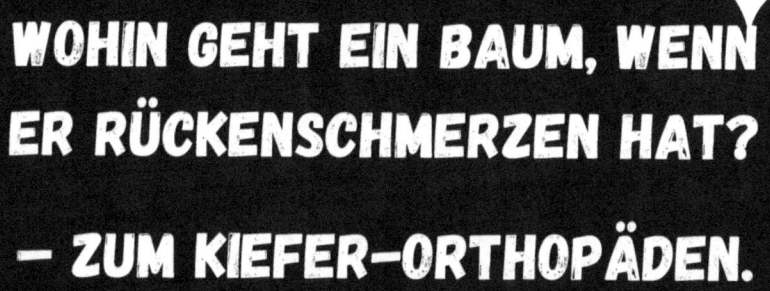

WOHIN GEHT EIN BAUM, WENN ER RÜCKENSCHMERZEN HAT?

– ZUM KIEFER-ORTHOPÄDEN.

GEHT EIN MANN ZUM ARZT:
"ICH BRAUCHE EINE KRANKSCHREIBUNG."
ARZT: "WAS FEHLT IHNEN DENN?"
"EINE KRANKSCHREIBUNG."

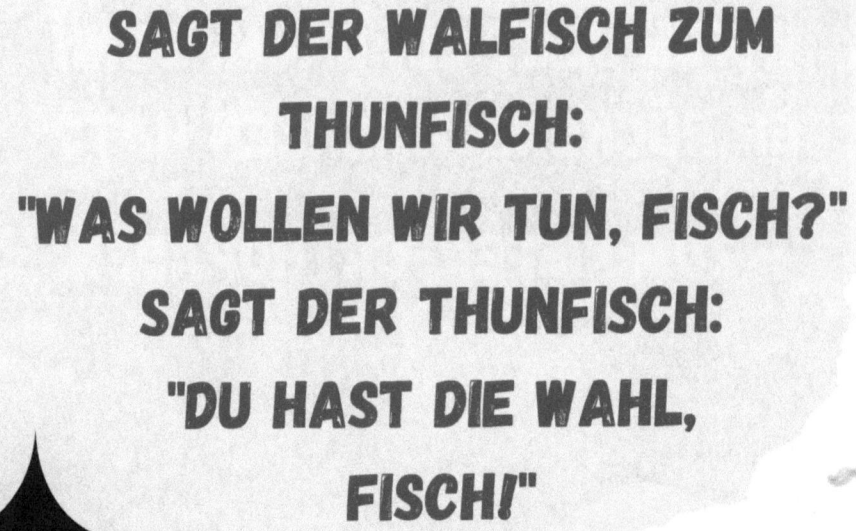

SAGT DER WALFISCH ZUM THUNFISCH:
"WAS WOLLEN WIR TUN, FISCH?"
SAGT DER THUNFISCH:
"DU HAST DIE WAHL, FISCH!"

IN ST. PAULI WURDE GESTERN EIN SARG GEFUNDEN. ABER DER GING EINFACH NICHT AUF.

WAR WOHL EIN ZUHÄLTER DRIN.

EGAL WIE VIEL CURRY DU ISST...

FREDDY ISST MERCURY.

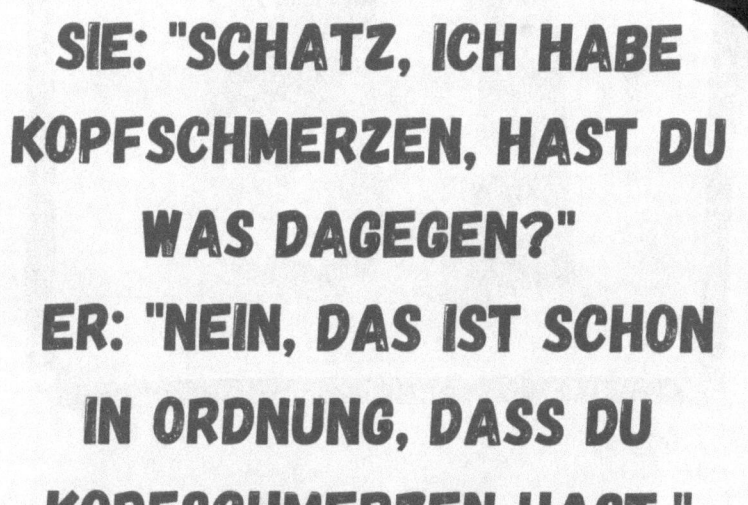

SIE: "SCHATZ, ICH HABE KOPFSCHMERZEN, HAST DU WAS DAGEGEN?"

ER: "NEIN, DAS IST SCHON IN ORDNUNG, DASS DU KOPFSCHMERZEN HAST."

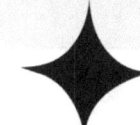

18

WARUM FINDET EIN HENKER NIE DEN RÜCKWEG?

– WEIL DER NUR DIE HINRICHTUNG KENNT.

TREFFEN SICH ZWEI MAGNETEN. SAGT DER EINE: "WAS SOLL ICH HEUTE BLOSS ANZIEHEN?"

WAS DENKEN SICH DIE GLETSCHER ZUM KLIMAWANDEL?

– WIR WERDEN SEEN.

19

WELCHES GETRÄNK TRINKEN CHEFS?

– LEITUNGSWASSER.

EGAL WIE GUT DU FÄHRST...

ZÜGE FAHREN GÜTER.

WARUM GEHEN AMEISEN NICHT IN DIE KIRCHE?

– WEIL SIE IN SEKTEN SIND.

20

WAS ESSEN VERLIEBTE
AM LIEBSTEN?

– KUSSKUSS.

EGAL WIE VIEL CDS
DU HAST...

KARL HAT MERCEDES.

FLIEGT EIN KUCKUCK
ÜBER'S MEER. GRÜSST
IHN EIN HAI: "HI!"
– "KUCKUCK!"

21

WARUM BENUTZEN BEAMTE KEINE TASCHENTÜCHER?

– WEIL TEMPO DRAUFSTEHT.

ICH BIN SO UNENTSCHLOSSEN. ALS JAPANISCHER KRIEGER WÄRE ICH EIN NUNJA.

SAGT EINE KUH ZUM POLIZISTEN: "MEIN MANN IST AUCH BULLE."

22

WAS SAGT DIE 0 ZUR 8?

– SCHICKER GÜRTEL!

EGAL WIE DICHT DU BIST...

GOETHE WAR DICHTER.

WIE NENNT MAN EINE GRUPPE VON WÖLFEN?

– WOLFGANG.

23

WAS IST RECHTLICH GESCHÜTZT UND SCHWIMMT AUF DEM SEE?

– DIE PATENTE.

SIE: "DA WO ICH HERKOMME, GIBT ES NUR GESTAMPFTE KARTOFFELN." ER: "KOMMST DU ETWA AUS DEN PÜREENÄEN?"

TAGE AN DENEN MAN PLANT, BANANEN ZU ESSEN, NENNT MAN

BANANENPLANTAGE.

24

WIE NENNT MAN EINEN ALTEN SCHNEEMANN?

– PFÜTZE

WAS STEHT WEIHNACHTEN IM WOHNZIMMER UND IST KAPUTT?

– EIN PANNENBAUM

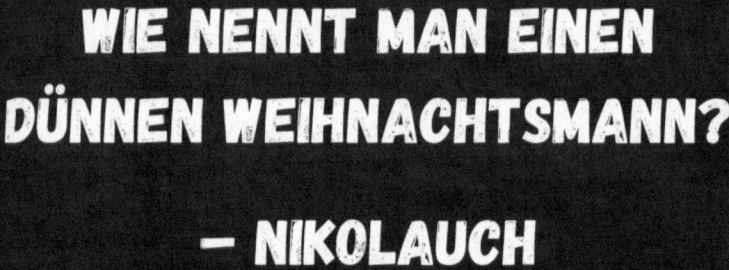

WIE NENNT MAN EINEN DÜNNEN WEIHNACHTSMANN?

– NIKOLAUCH

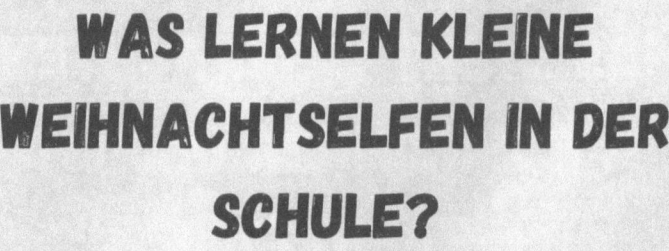

WAS LERNEN KLEINE WEIHNACHTSELFEN IN DER SCHULE?

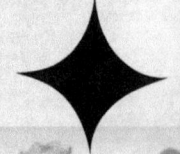

– DAS ELFABET

WAS HAT MAN, WENN MAN GLÜHWEIN ZU HEISS TRINKT?

– GEBRANNTE MANDELN

WAS HAT DER WEIHNACHTSMANN FÜR SEINEN SCHLITTEN BEZAHLT?

– NICHTS, GING AUF'S HAUS!

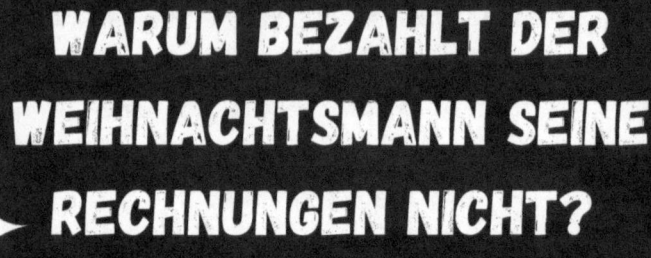

WARUM BEZAHLT DER WEIHNACHTSMANN SEINE RECHNUNGEN NICHT?

– ALLE SEINE KONTEN SIND EINGEFROREN.

WAS ISST EINE FRAU MIT GEWISSEN VORLIEBEN VOR WEIHNACHTEN?

– DOMINA-STEINE

WAS HAT SANTA CLAUS, WENN ER IM KAMIN STECKEN BLEIBT?

– CLAUS-TROPHOBIE

WOHIN GEHT DER WEIHNACHTSMANN IM SOMMER?

– IN DEN NORDPOOL.

WENN DER WEIHNACHTSMANN EIN GEFÄNGNIS BESUCHT, WAS SAGT ER DANN ZU DEN INSASSEN?

– VERLIES NAVIDAD

WAS IST DAS BESTE WEIHNACHTSGESCHENK?

– EINE KAPUTTE TROMMEL IST EINFACH NICHT ZU SCHLAGEN!

WELCHE SPRACHE SPRICHT DER WEIHNACHTSMANN?

– NORD POLNISCH

WEIHNACHTEN IST WIE EIN TAG IM BÜRO: DU HAST DEN STRESS UND DER DICKE MANN IM ANZUG BEKOMMT DIE GANZE ANERKENNUNG.

FSC
www.fsc.org
MIX
Papier | Fördert
gute Waldnutzung
FSC® C083411

Zeitfracht Medien GmbH
Ferdinand-Jühlke-Straße 7
99095 Erfurt, Deutschland
produktsicherheit@kolibri360.de